AF296517

VICTOR NARDAL

LE
CHAMPION DE FRANCE

du

Tir National de Vincennes

RÔLE PATRIOTIQUE DES SOCIÉTÉS DE TIR

Prix : 50 Centimes

DIENNE

IMPRIMERIE

1884

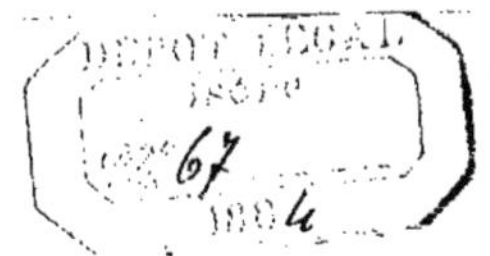

LE CHAMPION DE FRANCE

RÔLE PATRIOTIQUE DES SOCIÉTÉS DE TIR

LOUIS TRANCHET

PREMIER CHAMPION DE FRANCE

1884

LE CHAMPION DE FRANCE

—✕—

RÔLE PATRIOTIQUE DES SOCIÉTÉS DE TIR

AUJOURD'HUI comme autrefois, la France accepte le rôle de défenseur du progrès et de la liberté. A ceux qui croient, elle répond ; *En Avant !* A ceux qui doutent , elle crie plus vigoureusement encore : *Quand même !*

Quelques vrais patriotes, que nos désastres immérités n'ont pas abattus, ont rêvé de profiter des leçons de l'histoire et de refaire la France à l'image de ce peuple de Sparte qui restera l'éternel modèle des nations grandes et libres.

Un poète, Paul Deroulède, s'est mis à la tête des hommes d'action. « Qui aime la France me suive ! » a dit ce jeune Tyrtée aux légions d'amis qui se sont rangées sous son drapeau. Et tous ceux dont le cœur s'ouvrit à l'espérance, tous ceux qui n'ont pas brisé leur épée sur l'indigne autel de l'Egoïsme ou de la Peur sont venus au rendez-vous pour prendre le mot d'ordre de la patrie.

Paul Deroulède est le poète d'action par excellence. C'est le soldat de l'idée qui doit planer sur nos âmes viriles. C'est celui qui doit porter aux avant-postes la consigne des grands chefs disparus.

Dans un temps où tout ce qui est noble est injurié, il n'est pas étonnant qu'une telle mission reste méconnue, mais nous considérerions comme une tâche stérile de parler de patriotisme à ceux qui ne comprennent pas le mobile d'un tel homme, et nous féliciterons celui qui pouvait se contenter d'être un grand poète de délaisser son luth puissant pour devenir un gand citoyen. Eh bien ! soit, les régiments de Deroulède deviendront les strophes vivantes des épopées futures, et les contempteurs du soldat poète n'auront qu'à se résigner le jour où un million d'hommes, qui vaudront bien un million de rimes riches, seront prêts à demander à l'ennemi commun un peu plus qu'un amendement à l'article 11 du traité de Francfort.

*
* *

Les conscrits de l'armée de demain se forment déjà dans nos gymnases et dans nos tirs. Ils apprendront ainsi à vaincre la fatigue et à toucher le but.

Il y a quelques jours à peine nous pouvions assister au premier concours national de tir, organisé par les sociétés de tir de France, au polygone de Vincennes.

C'est sous le haut patronage de la Ligue des Patriotes qu'avait lieu cette manifestation imposante où l'on trouve sans bien les chercher, tous les symptômes d'un réveil.

Le comité comptait des hommes dont le nom grandissait l'autorité d'une telle œuvre. Les membres du gouvernement s'étaient inscrits avec cette unanimité qu'on ne rencontre pas tous les jours, même dans le conseil des ministres, et parmi ceux qui s'étaient ralliés sans retard, nous devons citer MM. Victor Hugo, Anatole de la Forge, Faustin-Hélie et Alphand. Sept généraux, le ministre de la guerre en tête, donnaient au concours général toute sa consolante signification.

Il s'agissait donc de juger l'adresse des tireurs français, mais l'adresse qui doit avoir un autre idéal que celui de trouer d'inoffensifs cartons.

Un jour le *stand* sera dans les Vosges, et la balle sifflera pour la patrie.

Nous ne voulons pas nous faire l'historiographe du Concours national, ni compter tous les tireurs dignes de faire partie de nos avant-gardes.

Nous insisterons seulement sur le championnat de France, dont le prix unique était de 5ooo francs, et qui portait sur l'ensemble de dix balles tirées sans interruption sur le même carton, dans chacune des trois catégories d'armes à longue portée. Les tireurs ayant pris part au concours de classement pouvaient seuls prendre part à ce concours.

Le champion de France a été M. Louis Tranchet, de Vienne (Isère).

Les vingt premiers tireurs, dont nous tenons à publier ici les noms furent MM. Louis Tranchet, Ed. Boillot, Henri Leverd, Charles Blondin, Ferdinand Dolin, Baudequin aîné, Jean Coutier, Charles Balme, François Bourget, Proud'hon, Ad. Gauthier, Henry Dolin, L. Maubert, Edouard d'Erm, Buisine, Jules Haro, Prost-Fournier, Naude, Aubry et Charles Haxo.

Nous voudrions continuer cette liste, mais la place nous manque pour mettre à l'ordre du jour le nom de bien des tireurs remarquables qui auront certainement leur moment, et qui, eux aussi, auront plus tard les honneurs du championnat.

Nous nous contenterons de donner quelques détails sur le vainqueur de ce grand tournoi, sur M. Louis Tranchet, champion de France.

Nous avons eu le plaisir de voir souvent Louis Tranchet, depuis son triomphe, et nous pouvons dire que le bruit de cent mille balles l'effraierait moins que celui qui s'est fait autour de son nom, à la suite du concours dont il a été le brillant vainqueur. Louis Tranchet, dont nous avons publié le portrait, a quarante-cinq ans. Il est contre-maître de l'importante maison de draperie Benoît et Jules Bouvier, de Vienne, et il compte de longues années de services dans les ateliers d'apprêts dont il est le directeur.

Tranchet est incontestablement un tireur hors ligne. C'est convenu, puisqu'il l'a prouvé. Nous devons constater, cependant, à sa plus grande louange, qu'il est, avant tout, l'homme du travail et du devoir. Il appartient à cette classe d'artisans, qui ne se laisse troubler par aucune chimère, qui pioche toute la semaine, et qui,

le cœur content, suit les prescriptions de l'Evangile en se reposan
le septième jour.

Par exemple, si ce jour-là, quelque affiche alléchante a signalé un
concours de tir aux environs , Louis Tranchet n'est plus l'habile
apprêteur que l'on sait. Il choisit dans sa panoplie l'arme bien
aimée, l'arme fidèle, il prend le train, et il arrive à son poste de
combat. C'est alors qu'il obéit à sa manie incurable de dégrader
les cibles offertes à son œil de lynx. Puis, il revient sans orgueil
et sans pose, et sa collection de prix s'augmente de quelque objet
d'art, de quelque bronze ciselé qu'on lui offre en échange d'un
demi-kilog. de plomb. Parfois , le premier prix est une somme
quelconque. Louis Tranchet la cueille plus souvent qu'à son tour,
mais il ne base pas son avenir sur de telles aubaines.

A ceux qui objecteront que Tranchet fait ses meilleures recettes
les jours où il ne travaille pas, nous répondrons que le Champion
de France est, heureusement, l'homme du tir pour lui-même, un
amateur d'un sport utile entre tous, mais non pas un spéculateur
comme on en voit tant dans les cantons de l'Helvétie. Il faut,
pour l'autoriser à entreprendre un voyage, une occasion patriotique
comme le concours national de tir. Du reste, M. Louis Tranchet
jouit d'un patron militant, qui livre de rudes assauts aux anglais
sur le terrain économique, ce qui ne l'empêche pas de considérer le
succès de son collaborateur comme un des plus beaux jours de
sa vie.

Qui sait?

Si le Champion de France n'avait pas été si bien partagé, il
aurait peut-être cédé à la tentation commune; son atelier devien-
drait un ratelier, et ses machines d'apprêts se transformeraient en
appareils Gras ou Martini, se graissant avec des cartouches et
s'alimentant par la culasse.

Nous parlions de la modestie native de Tranchet. Elle est
véritablement de bon aloi, car aucune glorification n'a pu l'écorner
depuis qu'il est devenu , selon l'expression naïve de sa petite
fille , « le premier champignon de France ».

Le jour où il reçut la dépêche de Paul Déroulède lui annonçant
sa victoire et lui transmettant les félicitations de la Ligue des
Patriotes, commença pour lui une série triomphale. De tous les
coins de la France, de la Suisse, de la Belgique même, il plut des

lettres d'éloges, des adresses enthousiastes et des poignées de mains sans nombre. Louis Tranchet était bien connu dans le monde des tireurs, à Lyon, à St-Etienne et à Chambéry, particulièrement. De toute part, on était heureux de voir la couronne sur ce front modeste, quoi qu'un peu dénudé. L'humanité est si mal composée qu'il y a des succès qui la chagrinent. Le succès de Tranchet fut salué par les plus chaleureuses acclamations. Il comptait autant d'amis que de concurrents, et la ville de Vienne, où le tir compte des représentants qui ont brillé dans notre tournoi national, fut particulièrement heureuse de la soudaine illustration de son enfant.

Il y a eu des banquets dont on se souviendra, et à l'un d'eux, un poète a récité des vers que nous citerons, parce que l'auteur est un de nosmeilleurs amis.

Les voici, et pour en faire saisir tout l'à-propos, nous rappelerons que Vienne, patrie de Louis Tranchet, a fait quelque bruit dans le passé. En effet, c'est dans cette cité, pavée d'antiques mosaïques et de glorieux souvenirs, que Brennus faillit porter un coup mortel à la fortune de Rome.

Il fut un jour où Vienne était fière et superbe :
Sur ses temples fameux, au faîte éblouissant,
Le temps n'avait pas fait pousser des touffes d'herbe
Et son nom comme un astre était resplendissant.

Des empereurs Romains c'était la capitale :
Les chars patriciens sur ses chemins roulaient,
Et l'oubli n'avait pas, avec sa main fatale,
Brisé ses Dieux d'airain qui dans l'eau se miraient.

Les Viennoises d'alors s'appelaient des Romaines :
Sous le peplum leur sein se dressait fièrement,
Et leurs yeux noirs versaient, comme des coupes pleines,
L'amour, la passion et l'éblouissement.

Plus tard, lorsque les Dieux qu'adoraient les Vestales
Fuirent, comme un troupeau devant le Christ vainqueur,
Vienne entendit sonner des heures triomphales,
Et ses enfants martyrs grandirent sa splendeur.

Depuis, triste retour de nos choses humaines,
Elle ne savait plus la route du succès :

Elle ne comptait plus parmi les cités reines,
Et son nom ne disait pas grand chose aux Français.

Mais tout à coup la gloire, à ce pays fidèle,
Se glisse parmi nous, comme par ricochet :
Oui, la gloire revient, emportant sur son aile
Le nom célèbre enfin de notre ami Tranchet.

Soit donc trois fois loué, fier champion de France,
Car nous nous souviendrons, ô tireur sans pareil,
Que quand Vienne dormait dans une nuit immense
Tu la pris dans tes bras pour la mettre au soleil !

Depuis le jour fatal des honteuses défaites,
C'est aux mains des soldats que Dieu mit le salut,
Et pour rendre à nos cœurs le goût des chants de fête,
Il faut que, comme toi, chacun touche le but !

M. Louis Tranchet s'était donc distingué à tous les concours régionaux, et entre autres à ceux du 109ᵉ territorial, commandé par le brave colonel Polonus qui a tant fait pour communiquer à son régiment l'ardeur patriotique qui l'anime. Hâtons-nous de dire qu'il y est parvenu. Vienne est, d'ailleurs, la patrie de cent tireurs de premier ordre, qui s'entraînent avec amour, et qui peuvent dès aujourd'hui, former une compagnie que nous recommandons au 17ᵉ Hulans. Les carabiniers Viennois ont la balle heureuse, et nous plaignons ceux à qui elle sera destinée.

Avant d'être le champion de France, Louis Tranchet avait brillé à Lyon, à Saint-Etienne et à Chambéry.

On sait que la ville de Saint-Etienne, — et ses manufactures d'armes l'expliquent suffisamment, — tient en grand honneur l'art du tir. Nous manquerions à notre devoir si nous ne rendions, en passant, un juste hommage à M. Antoine Chapon, le plus ancien des présidents de Sociétés de tir de France, et un des principaux vulgarisateurs de l'adresse française. M. Chapon a consacré tous ses loisirs à grouper des tireurs, à préconiser les meilleurs méthodes, et à semer enfin la passion de ce *sport* qui un jour peut-être sauvera la France. Il a joué, dans le Forez, le rôle patriotique que MM. de Jarry et Candelier se sont attribués dans l'Est et dans le Nord, pour la plus grande gloire du tir national. S'il nous appartient d'exalter de tels services, il appartient au gouvernement de les reconnaître.

Nous n'avons pas l'intention d'écrire la vie de Tranchet qui, semblable aux peuples heureux et aux honnêtes femmes, n'a pas d'histoire. Mais puisque les journalistes exaltent ceux qui frappent juste, et dans l'ombre, on nous permettra bien de causer quelques instants de celui qui vise mieux encore, et en plein soleil.

La spécialité de Louis Tranchet, on l'a déjà écrit dans le *Voltaire* et un peu partout, est d'annoncer le coup avec une impeccable justesse. La détente une fois lâchée, Tranchet connaît le sort de sa balle. Il sait dans quelle région de la cible elle va se loger, et cette sûreté d'appréciation fait l'étonnement de tous les gens du métier.

Tranchet tire avec n'importe quelle arme. Il préfère le fusil Martini, mais, comme on l'a vu par le grand concours, il se sert du fusil Gras avec une merveilleuse supériorité.

Le pistolet est aussi dans sa main une arme redoutable; et plusieurs de ces cartons à ce tir si délicat ont fait l'admiration des connaisseurs.

A la suite de sa proclamation en qualité de Champion de France, Louis Tranchet a reçu de ses amis beaucoup d'éloges, et un conseil : celui de s'endormir sur ses lauriers et de ne pas disputer le prix au prochain tournoi. Le tireur victorieux n'a pas promis de s'abstenir : au contraire. Il ira, modeste, mais résolu, aux concours de l'avenir, et s'il est vaincu, il aura le mérite de n'avoir pas désespéré de lui. C'est ainsi qu'il donnera à tous l'exemple de la persévérance dans la lutte. C'est à ce titre que nous enregistrons ce détail, qui a sa portée.

*
* *

Quand nous avons cédé à la tentation d'écrire cette humble étude sur un homme qu'une exceptionnelle adresse a mis en vue, nous avions l'espoir de faire suivre cette courte notice de quelques réflexions sur le tir, au point de vue de ses conséquences patriotiques.

C'est de la Suisse que nous est venue cette ardeur nouvelle qui a fait surgir en France tant de sociétés dont l'importance grandit tous les jours, et dont la patrie pourra apprécier plus tard les nobles efforts.

La Suisse se souvient toujours de Guillaume Tell, et si elle n'a pas cessé de vouer à la liberté un culte qui l'honore, elle a renoncé sans peine à la légendaire arbalète du héros.

Si jamais elle était envahie, on assisterait certainement à la plus pittoresque lutte de *guerillas* et d'embuscades que l'on pourrait rêver, et avant de planter son drapeau sur les monuments de Berne ou de Genève, l'ennemi, quel qu'il fût, saurait ce qu'il en coûte de venir troubler dans son repos le vaillant peuple d'Helvétie.

Mais l'art du tir n'a pas toujours, dans les vingt-deux cantons, la haute signification que devrait lui donner le viril espoir de défendre la nation menacée.

Il est reconnu que cet art est devenu un véritable métier, et que de nombreux tireurs, dont l'adresse est proverbiale dans leur pays, s'en font un revenu, comme d'une ferme en Normandie.

Ils suivent assidûment tous les concours, et vont raffler les prix avec un sans-gêne qui rappelle une peu la formule du droit prussien : la force prime le droit.

C'est ainsi qu'au lieu de travailler à faire des élèves, ces habiles carabiniers se contentent de faire des victimes, et d'aller, de ville en ville, recueillir la forte somme votée par de complaisantes municipalités.

Nous nous sommes laissé dire que des banquiers commanditaient quelques-uns de ces adroits spéculateurs. Ils leur fournissaient des armes d'une rare perfection, et les expédiaient à tous les concours, en escomptant leur coup d'œil, comme on escompte la signature d'un drapier.

Guillaume Tell allant trouer des cibles pour doter sa fille, voilà où nous en sommes depuis quelque temps.

Mais les Suisses ont trop de raison et trop de patriotisme pour ne pas sentir vivement les abus d'une telle situation.

Il faut, pour remédier au mal, inaugurer un système qui fera le désespoir de quelques personnalités, mais qui sera une sauvegarde pour la majorité des tireurs.

Ce qui se fait dans les vallons de l'Helvétie pourrait bien avoir lieu dans les plaines de la Gaule, aussi, nous croyons qu'il serait facile et raisonnable de prendre quelques mesures à ce sujet.

Il s'agirait tout simplement de classer les tireurs. Tant de prix obtenus, dans telles conditions, suffiraient pour donner à tous ceux qui ont fait leurs preuves le titre de tireur hors-concours. Il est évident que, même dans cette catégorie, il pourrait y avoir un classement dont quelques juges expérimentés seraient les arbitres.

Si nous insistons sur ce point, c'est que nous pouvons citer à l'appui de notre opinion ces quelques lignes de M. Henri Deloncle, dans la *Nouvelle Revue* :

« Dans les concours où les sociétés suisses s'assemblaient chaque année, en commémoration du péril et de la gloire, il est entré des habiletés de métiers, des goûts de jeu. On a raffiné et corrompu la précision des armes, on a trafiqué des prix trop nombreux. De véritables banques se sont montées, commanditant les tireurs les plus forts. Et ce ne sera bientôt, dans ce vaillant pays, qu'une spéculation sans vergogne, où sombrera la dignité des forces publiques. »

Dans une étude consacrée à l'éloge des services rendus par les Sociétés de tir, nous avons voulu signaler aux lecteurs un écueil dont la plupart d'entre eux ne soupçonnent même pas l'existence, et proclamer que lorsqu'on marche pour la patrie, il faut n'avoir aucune arrière-pensée de lucre et d'égoïsme.

*
* *

Ce n'est qu'après la fatale guerre de 1870 que les tireurs français se sont groupés avec un véritable esprit de suite, qui a, d'ailleurs, enfanté des prodiges.

Avant cette date funeste, on ne connaissait guère plus de quarante sociétés, parmi lesquelles il faut citer les Sociétés diverses de Saint Etienne, dont M. Antoine Chapon fût le président organisateur. Quant à celles que fonda M. de Jarry nous en parlons plus loin avec toute l'admiration qu'un tel patriote nous inspire.

Aujourd'hui, la statistique est impossible, grâce aux progrès miraculeux accomplis par une idée si féconde.

En effet, le mouvement ne cesse de se développer, dans des conditions qui étonnent les initiés eux-mêmes. M. Louis Vauzanges, dans son livre sur les *Sociétés Françaises de tir*, en connaît 264. L'*Annuaire des Sociétés de tir* publié par le journal l'*Armée territoriale* en compte 283.

L'heure est venue de savoir à quoi s'en tenir sur un tel élan.

Grâce à la faveur dont a joui, dans le public français, le premier Concours national de tir, de nombreux journaux spéciaux se sont créés, et nous saurons bientôt à quoi nous en tenir sur l'essor des Sociétés nouvelles. Quoi qu'il en soit, les chiffres seront consolants.

Le président du Concours, M. de Jarry de Bouffémont, a été nommé chevalier de la Légion d'honneur. Cette récompense il l'avait méritée depuis longtemps. Il avait été l'apôtre infatigable d'une cause qui lui doit son éclatant triomphe.

M. de Jarry est Vosgien. C'est dire l'importance qu'il attache à la formation de ces compagnies de tireurs qui doivent servir d'avant-gardes à nos armées, et défendre les passages difficiles au moment psychologique, c'est-à-dire à l'heure décisive où l'Alsace et la Lorraine auront assez souffert.

M. de Jarry fonda d'abord un tir à Epinal, et les résultats furent si concluants qu'il résolut d'aller récolter ailleurs des hommes et des soldats.

Dijon, Besançon, le Hâvre, Marseille et autres villes moins importantes, lui doivent en partie leurs *stands*, où se réunissent désormais d'imposantes légions de tireurs de premier ordre.

M. de Jarry a perdu sa fortune dans ces *spéculations*. La ville de Paris reconnaissante l'a nommé inspecteur de ses gymnases scolaires, et le gouvernement, ratifiant ce digne choix, l'a décoré aux applaudissements de tous.

Ce qui prouve le but que M. de Jarry voulait atteindre en luttant avec une indomptable ténacité, c'est sa préférence marquée pour l'arme de guerre, qui fit toujours l'objet de sa noble propagande !

*
* *

Puisque nous parlons d'armement, on nous saura gré de reproduire la classification que M. Vauzanges a faite des 264 sociétés.

5o emploient le fusil Gras, 114 le fusil Gras et les carabines de précision, et 100, les carabines de précision seulement.

On a fait remarquer que les Sociétés du nord de la France employaient plus communément les carabines de précision. Il faut en chercher la cause dans leur ancienneté.

Quant au fusil Gras, il reste le grand vainqueur moderne, placé dans les mains de nos tireurs par de patriotiques exigences.

Voici, empruntées à M. Henri Deloncle, quelques lignes intéressantes sur les armes en général. Nos lecteurs nous sauront gré de les reproduire, car elles résument des idées admises après une longue expérience.

« Les carabines ont eu dans ces derniers temps un retour de faveur par les sagaces améliorations que l'industrie des armuriers pour la chasse a su découvrir, et qui sur quelques points, ont adapté des instruments jadis inférieurs aux besoins si complexes de la guerre. C'est par leur aisance que les systèmes Lefaucheux et Flobert se sont imposés, et, par leur résistance, les Martini et les Vetterli. La fabrique française est d'ailleurs arriérée, et la majorité des tireurs spéciaux se fournit en Suisse, en Belgique, en Angleterre, aux Francotte, aux Chevillot, aux Remington, aux Narnans, aux Kuhn, aux Comblain, aux Ghaye, aux Schneider, aux Winchester, aux Spencer, aux Stahl, aux Walke, aux Whall, aux Laurent, aux Jamard, aux Ballard, pour ne citer que des maisons très réputées. Les essais de MM. Nouvelle, Bosquette et Kastli n'ont point fondé chez nous un type comparable par la souplesse et la vigueur aux carabines fédérales, et il serait fort désirable qu'un concours d'armes excitât en France assez d'émulation pour nous donner un engin propre aux usages de la paix, au plaisir de la chasse, mais susceptible aussi de faire son office en cas de guerre.

« Deux transformations sont peut-être plus urgentes : *il faut abaisser le prix des cartouches du fusil Gras, et approprier les stands à ce tir.* Nous payons nos cartouches nationales 125 francs le mille ; il est vrai que celles du tir réduit ne coûtent plus que 9 francs ; mais leur intérêt se limite aux années d'exercice scolaire ou d'apprentissage et ne correspond point à un métier achevé. Or, les fusils étrangers ont couramment leurs munitions à 60 ou 75 francs. C'est un sacrifice que réclament notre honneur et notre ambition nationale : il nous faut des cartouches à 50 francs. Que le gouvernement se consulte et établisse ses devis sur cette base ».

La question des armes est importante, car la perfection de l'outil indique celle de l'ouvrier. Cependant, puisque nous nous adressons aujourd'hui au public qui souhaite comme nous la vulgarisation du tir, et surtout du tir à l'arme de guerre, nous devons insister sur un point.

Que désirent les patriotes, ceux qui font partie de la Ligue où qui méritent d'en être? Former des virtuoses, des dilettantes, des étoiles? Non. Ils rêvent de donner à la France une armée digne d'elle, composée de tireurs capables de rendre de grands services en temps de guerre.

L'intérêt de la patrie fait donc que nous devons préférer une compagnie, ou si l'on veut, une société de moyens tireurs, à une autre qui aurait trois ou quatre fusils hors ligne et qui compterait une majorité médiocre. Il ne s'agit pas en effet de décrocher des timbales, mais d'éclaircir les rangs de l'ennemi.

Nous admettons bien que Louis Tranchet ferait à lui seul plus de mal à un escadron de hulans que quelques tireurs mal exercés qui se tromperaient de département et enverraient leurs balles dans des régions amies. Mais n'oublions pas que les grands tireurs ne sont pas toujours les plus jeunes. S'il en était ainsi, ce serait la condamnation de l'expérience. Or, à l'heure où ces lauréats jouissent de toute leur réputation, ils commencent à grisonner, et s'ils font encore partie de la territoriale, c'est souvent par pure complaisance.

Ce qui nous console, d'ailleurs, c'est qu'en France le recrutement ne connaît pas d'âge, et le jour où la patrie est en danger, les vétérans accourent à son suprême appel.

Nous avons, dans le cours de cette étude, parlé de M. Candelier, comme d'un digne émule de M. de Jarry de Bouffémont.

M. Candelier est un notaire de Lens, et vous avouerez qu'il a dû quitter souvent la cravate blanche obligatoire avant d'avoir organisé ou groupé les douze puissantes sociétés de la région du Nord, — Lens, Roubaix et Béthune, — sociétés qui ont été remarquées partout où elles ont passé.

M. Candelier est parvenu à installer à Lens des cibles gratuites, avec un don de 12 cartouches, et des prix spéciaux.

L'exemple de fédération qu'à donné cet éminent initiateur va être suivi dans le sud-ouest. Dans quelques années, la Franche-Comté et le Dauphiné n'auront plus rien à envier comme organisation générale aux pays les mieux doués, tels que les départements du Nord et des Vosges, pour ne citer que ceux-là.

Quand M. Paul Déroulède, tout entier à son idée du relèvement de la patrie, cherchait partout des appuis et des collaborateurs.

il a trouvé sur son chemin, forts de la même confiance et épris du même rêve, des hommes comme MM. Jarry de Bouffémont, Chapon et Candelier.

Mais, arrivant avec son idée fixe de faire des soldats et d'improviser de redoutables combattants, le jeune poète a fait litière du préjugé si cher aux tireurs de profession : l'unité de classement.

. Il y eût quelque résistance, mais, devant les arguments éloquents de Déroulède, le but fut atteint.

Nous croyons qu'il ne s'agit pas de compter ici les défaillances. Autour de chaque grande idée, les ambitieux papillonnent, espérant arracher au hasard des circonstances des distinctions que leur mérite ne justifierait pas.

Ce dont nous devons nous souvenir, c'est du bienveillant concours prêté par le Ministre de la guerre, le général Campenon, un homme d'état qui n'est pas assez parlementaire pour être inutile.

Le premier Concours national de tir, dont Louis Tranchet a été le héros, a été un succès incontestable (1). On peut dire que la réclame n'avait pas été faite. Il y avait, autour du projet, tant de volontés qui se paralysaient que l'on est bien forcé de reconnaître que l'idée qui triomphe, avec tant d'obstacles, deviendra une institution absolument nationale, le jour où ces obstacles seront aplanis.

On annonce déjà le congrès des présidents et délégations de tir qui veut organiser une fédération de tous les tireurs de France.

C'est dans cette assemblée patriotique que l'on doit élaborer le programme des prochains concours, qui seront les fêtes viriles de la Patrie française.

(1) Du 31 août au 21 septembre on a brûlé 555,907 cartouches environ, dont 213,330 au fusil Gras, 53,544 au fusil Gras du tir réduit, 4,545 au fusil Gras scolaire, 36, 960 au revolver d'ordonnance. L'arme nationale qui défrayait d'ailleurs 3 pavillons (Alsace-Lorraine : 300 mètres ; Chanzy : 200 mètres ; Jeanne d'Arc, fusil scolaire et fusil Gras réduit : 30 mètres ;) soit 23 séries sur 37 et 110 cibles sur 172, a donc été l'objet d'une préférence marquée, en dehors même du pistolet de combat (7,116 balles), et de la carabine Flobert (117,750), qui est presque une arme de guerre et a droit, en tous cas, au titre d'arme française. Parmi les armes diverses, la vogue s'est attachée aux carabines Martini, Vetterli, Comblain et Ghaye. Mais quelle décadence et quel éblouissant présage ! Les séries au fusil Gras ont été absolument supérieures ; le tir des bataillons scolaires excellent. Rien ne pouvait nous apporter un tel accroissement de joie. ..

Et c'est l'heure où sonne le rendez-vous de tous les cœurs généreux, c'est cette heure fortifiante et glorieuse que l'on choisit pour aller tendre à l'Allemagne la main qu'elle a mutilée.

Nous ne voulons pas nous occuper ici de question de politique étrangère. La place nous manque pour discuter cette prétendue alliance franco-allemande, qui nous rappelle ces mariages de de Guelfes et de Gibelines, se terminant toujours par l'assassinat de l'un des époux.

Que nos ministres cherchent des alliés en Russie, en Autriche, en Espagne, en Hollande, et même au Japon, mais, pour Dieu ! qu'ils n'aillent pas faire bénir le drapeau d'Austerlitz par les vainqueurs de Sédan.

La France, qui travaille, n'a pas besoin de s'humilier comme elle l'a fait pendant dix ans. Elle doit, pour rester digne, garder au cœur ses vieilles fiertés et ses vieilles amours, et si l'un de ses ministres osait la compromettre en lui infligeant des amitiés dégradantes, nous serions forcés de flétrir ce traître et de lui prouver qu'il demande à M. de Bismarck l'aumône de son appui pour rester ministre quelques mois de plus.

Loin de nous la pensée d'accuser qui que ce soit.

M. Jules Ferry, ministre des affaires étrangères, est citoyen et député d'un pays dont le patriotisme nous défend le plus léger soupçon.

S'il ne parvient pas, dans un long ministère, à faire oublier nos grands diplomates, il peut se faire pardonner de ne pas être un grand homme d'état : il n'a pour cela qu'à rester le *concierge* de la maison française, et à crier aux Allemands qui viendraient en profaner le seuil :

— On n'entre plus !

Vienne, imp. Savigné. — 1884.

9 782019 957018